Bibliografische Information der Deutschen Nationalbibliothek:

Die Deutsche Bibliothek verzeichnet diese Publikation in der Deutschen National-
bibliografie; detaillierte bibliografische Daten sind im Internet über http://dnb.d-
nb.de/ abrufbar.

Impressum:

Copyright © 2017 GRIN Verlag
Druck und Bindung: Books on Demand GmbH, Norderstedt Germany
ISBN: 9783668630499

Dieses Buch bei GRIN:

https://www.grin.com/document/411943

Maximilian Bär

Cloud Computing und Datenschutz

GRIN Verlag

GRIN - Your knowledge has value

Der GRIN Verlag publiziert seit 1998 wissenschaftliche Arbeiten von Studenten, Hochschullehrern und anderen Akademikern als eBook und gedrucktes Buch. Die Verlagswebsite www.grin.com ist die ideale Plattform zur Veröffentlichung von Hausarbeiten, Abschlussarbeiten, wissenschaftlichen Aufsätzen, Dissertationen und Fachbüchern.

Besuchen Sie uns im Internet:

http://www.grin.com/

http://www.facebook.com/grincom

http://www.twitter.com/grin_com

Studiengang: Bachelor of Engineering Wirtschaftsingenieurwesen

Hausarbeit im Fach Wirtschaftsinformatik

Thema

Cloud Computing und Datenschutz

Inhalt

1. Einleitung

Der Begriff Cloud Computing ist derzeit in der Informationstechnik allgegenwärtig und gleichzeitig auch nicht mehr wegzudenken. Hinter dem Begriff stecken zahlreiche Interpretationen, jedoch keine standardisierte oder gar einheitliche Definition. Grundsätzlich verkörpert Cloud Computing die Bereitstellung und Nutzung von IT-Infrastruktur, was auch derzeit von immer mehr Unternehmen genutzt wird.[1]

Diese Trendwende in der IT Branche haben sich bisher zahlreiche Firmen wie beispielsweise Amazon, Google oder Microsoft zu Nutze gemacht und stellen dabei Ihre Cloud-Dienste, für verschiedenste Anwendungen an Einzelpersonen oder Unternehmen zur Verfügung. Der Wandel wird immer mehr sichtbar, denn Cloud-Dienste stehen für Mobilität.[2]

Mit diesem aktuellen Thema setzt sich diese Arbeit intensiv auseinander und klärt hier zunächst den Begriff „Cloud Computing", um im Anschluss auf die damit verbundenen Organisationsformen und Konzepte der verschiedenen Anbieter eingehen zu können. Anhand von Beispielen macht diese Ausarbeitung einerseits deutlich, welche Vorteile und Vereinfachungen das Cloud Computing mit sich bringt, andererseits werden auch die Gefahren und Auswirkungen dieser Technik kritisch betrachtet. In den nächsten Jahren soll Cloud Computing mit immer weiter steigenden Umsatzerträgen verbunden sein, was auch der allgemeine Trend, etwas zu leasen anstatt zu kaufen bestätigt. Dadurch müssen die Unternehmen nicht mehr in die notwendigen Ressourcen investieren, sondern können diese über Dienstleister mieten. Doch neben all den positiven Aspekten eröffnen sich dem Benutzer auch einige wesentliche Fragen. Wie sicher sind unsere Daten? Werden wir über das Internet ausspioniert? Was kostet Cloud Computing wirklich?[3]

Die Klärung dieser oben genannten Fragen zum Thema Datensicherheit, soll ebenso ein Gegenstand dieser Untersuchung sein. Dabei wird sich die Arbeit in Punkto Datenschutz schwerpunktmäßig mit den Anforderungen des Bundesdatenschutzgesetzes und dessen Schwierigkeiten im Ausland auseinander setzen und die entstehenden Probleme aufzeigen.

---

[1] Vgl. Braun, Christian et al., Cloud Computing, Informatik im Fokus, 2. Aufl., Springer-Verlag Berlin Heidelberg 2011, S. 1.

[2] Vgl. Freytag, Carl, 50 Schlüsselideen- Digitale Kultur, Übersetzung der engl. Ausgabe: 50 Digital Ideas You Really Need to Know von Tom Chatfield, hrsg. v. Quercus Editions Ltd (UK) 2011, S. 164-165.

[3] Vgl. Barton, Thomas, E-Business mit Cloud Computing, IT-Professional, Springer Fachmedien Wiesbaden 2014, S. 1-2.

2. Cloud Computing

2.1. Begriffserklärung

Wie in der Einführung bereits erwähnt, gibt es keine konkrete Definition von Cloud Computing. Der Begriff „Cloud" soll dabei andeuten, dass die Dienste von einem anderen Anbieter im Internet erbracht werden.[4] Direkt übersetzt bedeutet es „Datenverarbeitung in einer Wolke", was jedoch nur bedingt Erkenntnisse liefert. Deshalb wird durch die Funktionsweise der Begriff näher erläutert. Bislang speichert der Großteil der Computer-Nutzer seine Daten lokal auf internen oder externen Festplatten sowie auf Servern, die sich in den eigenen Wohn- bzw. Geschäftsräumen befinden. Ausnahmen hiervon sind schon heutzutage E-Mail-Accounts und Websites. Durch das Cloud Computing werden Dokumente, Fotos, Videos, etc. – anders als bisher – nicht mehr auf dem heimischen Rechner abgelegt, sondern auf einer Vielzahl von Servern, die über das Internet verteilt sind.

„Der Begriff „Cloud Computing" wurde zum ersten Mal 1997 benutzt. Er bezieht sich insbesondere auf die Idee, Rechenarbeit nicht an einem bestimmten, bekannten Ort durchzuführen, sondern aus der Ferne zu steuern."[5]

Die grundlegenden Konzepte und generellen Ziele dieses Dienstes sind derzeit unbestritten, denn Cloud Computing nutzt Virtualisierung und das moderne Web, um IT-Ressourcen verschiedenster Art (also Applikationen, Plattform-, Infrastrukturleistungen, usw.) als elektronisch verfügbare Dienste dynamisch bereitzustellen. „Die Dienste sollen dabei von mehreren Konsumenten verlässlich und skalierbar nutzbar sein, d. h. sowohl auf Abruf als auch nach Bedarf verfügbar sein."[6] Dies wird durch den variablen Umfang von Cloud-Diensten erst möglich. Unternehmen betreiben Tausende oder Zehntausende Server, was heißt, dass der Bedarf eines Kunden immer gestillt werden kann, wie groß er auch sein mag und wie schnell er auch anfällt. Am wichtigsten sind aber Geschwindigkeit und Kosten. Arbeitet man mit Cloud-Systemen, entstehen einem selbst keine Kosten dafür, sie immer „up to date" zu halten oder Netzwerke und Software zusammenzustellen. Darüber hinaus muss man kein Kapital einsetzen, um den vollen Umfang von Hard- und Software zu kaufen, sondern

---

[4] Vgl. Braun, Christian et al., Cloud Computing, Informatik im Fokus, 2. Aufl., Springer-Verlag Berlin Heidelberg 2011, S. 1.

[5] Freytag, Carl, 50 Schlüsselideen- Digitale Kultur, Übersetzung der engl. Ausgabe: 50 Digital Ideas You Really Need to Know von Tom Chatfield, hrsg. v. Quercus Editions Ltd (UK) 2011, S.164.

[6] Braun, Christian et al., Cloud Computing, Informatik im Fokus, 2. Aufl., Springer-Verlag Berlin Heidelberg 2011, S. 4.

zahlt nur für den Level des Dienstes und dessen Zeit, in der er benötigt wird. Aus diesem Grund wird das Cloud Computing manchmal mit „Rechnen nach Verbrauch" bezeichnet, weil das temporäre Anbieten von Computer-Systemen so zu einer Dienstleistung wie die Gas- oder Stromversorgung wird.[7]

2.2. Organisationsformen Cloud Computing

Die Organisationsformen lassen sich in drei verschiedene Systeme unterscheiden, welche in der nebenstehenden Abbildung dargestellt sind. Es wird dabei zwischen Public Cloud, Private Cloud und Hybrid Cloud unterschieden, wobei letzteres eine Mischform der ersten beiden Organisationsformen darstellt.

Abb. 1: Darstellung der verschiedenen Cloud Formen

a) Public Cloud

Eine Public Cloud befindet sich im Eigentum eines Dienstleisters und wird von diesem auch betrieben. Folglich gehören die Anbieter und die potenziellen Benutzer nicht derselben organisatorischen Einheit an und können von einer beliebigen Zahl von Cloud Anwendern benutzt werden. Viele prominente Beispiele wie Amazon Web Services, Salesforce.com, SAP „Business ByDesign", Office 365 oder Google „Apps for Business" werden in dieser Form angeboten.[8]

b) Private Cloud

Eine Private Cloud ist im Gegensatz dazu eine unternehmensindividuelle Cloud, die oft von einem Unternehmen selbst betrieben wird. Deshalb ist der Zugang meistens beschränkt auf Mitarbeiter, eventuell auch auf Lieferanten und Kunden.[9] Dieser erfolgt in der Regel über ein Intranet bzw. eine Virtual Private Network-Verbindung. Durch VPN wird dem Anwender von jeden Ort ein sicherer Zugriff auf seine privaten Daten

---

[7] Vgl. Freytag, Carl, 50 Schlüsselideen- Digitale Kultur, Übersetzung der engl. Ausgabe: 50 Digital Ideas You Really Need to Know von Tom Chatfield, hrsg. v. Quercus Editions Ltd (UK) 2011, S. 165.
[8] Vgl. Barton, Thomas, E-Business mit Cloud Computing, IT-Professional, Springer Fachmedien Wiesbaden 2014, S. 45.
[9] Vgl. Barton, Thomas, (FN8), S. 45-46.

gewährt, indem die Internetverbindung verschlüsselt wird, um so einen virtuellen Tunnel zwischen Netzwerkkarte und VPN-Server aufzubauen.[10]

Im Unterschied zu öffentlichen Clouds sind Private Clouds bei Netzbandbreite und Verfügbarkeit nicht eingeschränkt und bieten zudem einen besseren Ausfallschutz. Auch Sicherheitsrisiken werden im Gegensatz zu Public Clouds deutlich gemindert.[11]

c) Hybrid Cloud

In Szenarien, in denen Dienste aus der Public Cloud, Private Cloud und traditioneller IT-Umgebung zusammen benutzt werden, spricht man von einer Hybrid Cloud. Dazu werden bestimmte Funktionalitäten oder Lastspitzen in die Public Cloud ausgelagert, während der Regelbetrieb weiter über die privaten Ressourcen erfolgt. Grundsätzlich sollte man aber dabei sehr kritisch abwägen, welche Funktionen oder Daten ausgelagert werden dürfen.[12]

2.3. Verschiedene technische Konzepte - Cloud Computing

Bei Cloud Computing geht es nicht mehr darum, Rechner, Speicher, Entwicklungs-umgebungen oder gar ganze Anwendungen zu besitzen, sondern als Service zu nutzen.[13] Cloud Computing wird in folgende drei Servicemodelle unterteilt (Abb. 2), die sich dahingehend unterscheiden, welcher Anteil des Betriebs und der Administration vom Dienst-leister bzw. vom Kunden übernommen wird.

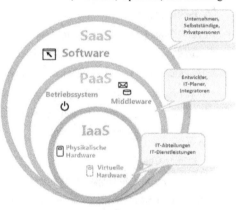

Abb. 2: Servicemodelle des Cloud Computing

---

[10] Vgl. Websecuritas, Was ist VPN?, unter: https://www.websecuritas.com/was-ist-vpn/

[11] Vgl. Manhart, Klaus, Organisationsformen von Clouds, Private, Public und Hybride Clouds, Hrsg. IDG Business Media GmbH München, Artikel vom 29.09.2009, unter: https://www.computerwoche.de/a/organisationsformen-von-clouds,1906429

[12] Vgl. Braun, Christian et al., Cloud Computing, Informatik im Fokus, 2. Aufl., Springer-Verlag Berlin Heidelberg 2011, S. 29.

[13] Vgl. Barton, Thomas, E-Business mit Cloud Computing, IT-Professional, Springer Fachmedien Wiesbaden 2014, S. 44.

a) Infrastructure as a Service (IaaS)

Die unterste Ebene stellt Services für den Aufbau einer Infrastruktur zur Verfügung. Dem Kunden werden dabei fundamentale Verbrauchsressourcen wie Rechen-, Speicher- oder Netzkapazität zur Verfügung gestellt, was eine Auslagerung der materiellen Infrastruktur zur Folge hat. Die Zuordnung zu einem Service sowie auch die Freigabe nach der Nutzung, erfolgt dabei durch den Nutzer. Für die ständige Verfügbarkeit der benötigten Hardware- bzw. Netzkapazitäten hat der jeweilige Dienstleister Sorge zu tragen.[14] Ein bekannter Service auf der Ebene IaaS ist die Amazon Elastic Compute Cloud (EC2), eine zentrale Cloud-Plattform für skalierbare Rechenkapazität.[15]

b) Platform as a Service (PaaS)

Diese zweite Ebene wendet sich an Softwarearchitekten oder Anwendungsentwickler und stellt Plattformen zur Verfügung um Anwendungen zu entwickeln oder auf die Anforderungen des Unternehmens anzupassen. Mit Hilfe dieser Services wird die Entwicklung von Anwendungen nicht nur vereinfacht, sondern auch beschleunigt. Somit können bei kurzzeitigem Bedarf sehr hohe Rechenleistungen abgerufen werden, ohne dass teure Ressourcen vorgehalten werden müssen. Beispiele für Services auf der Ebene PaaS sind Azure von Microsoft und App Engine von Google. Im ERP Umfeld gibt es für SAP Business ByDesign ein entsprechendes Angebot mit Namen SAP Business ByDesign Studio.[16]

c) Software as a Service (SaaS)

Anwendungen stellen die oberste Schicht dar und bauen logisch auf alle vorhergehenden Schichten auf, was auch in Abbildung 2 verdeutlicht wird. Software as a Service ist ein Geschäftsmodell, bei dem nicht länger die Software-Anwendung an den Kunden verkauft wird, sondern er diese als Dienstleistung gegen Entgelt zur Verfügung gestellt bekommt. Folglich werden Software sowie IT-Infrastruktur bei einem externen Dienstleister betrieben, was dem Anwender erlaubt, eine kostengünstige Hardware im Unternehmen zu verwenden und gleichzeitig jedoch von der vollen

---

[14] Vgl. Barton, Thomas, E-Business mit Cloud Computing, IT-Professional, Springer Fachmedien Wiesbaden 2014, S. 44.

[15] Vgl. Masiero, Manuel, Cloud Computing im Überblick, Drei Ebenen von „as a Service", Hrsg. Tom's Hardware Guide, Artikel vom 21.02.2011, Seite 3, unter: http://www.tomshardware.de/cloud-saas-iaas-paas.testberichte-240731-3.html

[16] Vgl. Barton, Thomas, (FN14), S. 44.

Rechnerpower und Speicherkapazität eines Rechenzentrums zu profitieren.[17] Weiterhin ist erwähnenswert, dass dabei die User gleichzeitig auf dieselben Daten zugreifen und dadurch miteinander kollaborieren können. Beispiele für SaaS Anwendung sind SAP Business ByDesign, Office 365 von Microsoft und Google Apps for Business.[18]

3. Datenschutz und Cloud Computing (BDSG, Probleme im Ausland)

3.1. Risiken mit Datensicherheit beim Cloud Computing

Immer zahlreicher werden Diskussionen zum Thema Datenschutz und Datensicherheit in Cloud Systemen geführt. Vor der Inanspruchnahme eines Cloud Dienstes sollte sich deshalb jeder Nutzer über die möglichen Risiken einen Überblick verschaffen.

Dazu zählen vor allem Punkte wie Datenverlust oder Datenmanipulation, Zugriff auf Daten durch Dritte oder Geheimdienste und besonders auch Identitätsdiebstahl oder Missbrauch des Accounts.[19] Diese Probleme tauchen in der Praxis immer häufiger auf, dabei treten auch namhafte Cloud-Dienste wie Dropbox in Augenschein. Denn hier wurden im letzten Jahr insgesamt 68 Millionen verschlüsselte Nutzerpasswörter durch einen Hackerangriff im Netz veröffentlicht und als Download zur Verfügung gestellt.[20]

3.2. Anforderung an den Datenschutz (BDSG)

Neben den technischen Vorkehrungen müssen auch einige rechtliche Aspekte beachtet werden. Denn nur wenn das Datenschutzrecht generell und im Besonderen das BDSG anwendbar ist, kann eine Auftragsdatenverarbeitung nach §11 BDSG vorliegen. „Aus Datenschutzsicht relevant ist Cloud Computing nur, wenn personenbezogene Daten verarbeitet werden (§ 3 Abs. 1 BDSG), also wenn die verarbeiteten Einzelangaben einer bestimmten oder bestimmbaren natürlichen Person, also einem Menschen – dem Betroffenen – zugeordnet werden können."[21]

---

[17] Vgl. Tezel, Tino, Cloud Computing: SaaS, PaaS & Iaas einfach erklärt, Hrsg. intersoft consulting services AG, Artikel vom 08.01.2016, unter: https://www.datenschutzbeauftragter-info.de/die-cloud-saas-paas-und-iaas-einfach-erklaert/
[18] Vgl. Barton, Thomas, E-Business mit Cloud Computing, IT-Professional, Springer Fachmedien Wiesbaden 2014, S. 44.
[19] Vgl. Dr. Datenschutz, Datenschutz und Datensicherheit beim Cloud Computing, Hrsg. intersoft consulting services AG, Artikel vom 04.01.2017, unter: https://www.datenschutzbeauftragter-info.de/datenschutz-und-datensicherheit-beim-cloud-computing/
[20] Vgl. Schirrmacher, Dennis, 68 Millionen verschlüsselte Passwörter aus Dropbox-Hack veröffentlicht, Hrsg. Heise Medien GmbH, Artikel vom 05.10.2016, unter: https://www.heise.de/security/meldung/68-Millionen-verschluesselte-Passwoerter-aus-Dropbox-Hack-veroeffentlicht-3340846.html
[21] Weichert, Thilo, Cloud Computing und Datenschutz, Hrsg. Unabhängiges Landeszentrum für Datenschutz Schleswig-Holstein, Artikel vom 17.06.2010, Kapitel 3, unter: https://www.datenschutzzentrum.de/cloud-computing/20100617-cloud-computing-und-datenschutz.html

a) Vertrag zur Auftragsdatenverarbeitung (ADV)

Nach dem Bundesdatenschutzgesetz (§ 3 Abs. 7 BDSG) bleibt beim Cloud Computing der Anwender die verantwortliche Stelle. Er ist daher weiterhin im Außenverhältnis für die Sicherheit der Daten verantwortlich. Außerdem muss mit dem Cloud Anbieter ein Vertrag zur Auftragsdatenverarbeitung (ADV) nach § 11 BDSG geschlossen werden,[22] welcher eine datenschutzrechtliche Grundlage, für die Übertragung von Daten in dem bereitgestellten Cloud-Service darstellt. Spezielle wichtige Punkte die in der Auftragsdatenverarbeitung abgebildet sein sollten sind:

- Beauftragung von Unterauftragnehmer durch den Cloud Anbieter. Hier sollte genau geregelt und definiert sein, wann ein Unterauftragsverhältnis vorliegt und gleichzeitig sichergestellt werden, dass die Weisungen des Cloud-Nutzers auch für diese weiteren Unternehmen gelten.
- Kontrollrechte während der Vertragslaufzeit. Zum einen hat der Cloud Anbieter einen betrieblichen Datenschutzbeauftragten vorzuweisen, zum anderen muss sich der Nutzer auch regelmäßig von der Einhaltung der vereinbarten technischen und organisatorischen Maßnahmen überzeugen.
- Löschung der Daten nach Auftragsbeendigung.[23]

Oftmals weist der Vertrag über die Auftragsdatenverarbeitung geografische Grenzen auf, denn die Privilegierungswirkung für Cloud Anbieter ist nur auf die Europäische Union (EU) und den Europäischen Wirtschaftsraum (EWR) beschränkt.[24] Da hier aufgrund der Datenschutzrichtlinie ein weitgehend harmonisiertes Datenschutzniveau besteht, unterliegt der Datenübermittlung den gleichen Anforderungen als von inländischen Anbietern.[25]

b) Datenübermittlung außerhalb der EU/ EWR, speziell in die USA

Ein großer Teil der Cloud Anbieter haben Server im Ausland und speichern somit auch die Daten zum Teil außerhalb der EU oder des EWR. Das führt dazu, dass der Abschluss eines ADV-Vertrags alleine nicht mehr ausreichend ist. Hierbei kann dann

---

[22] Vgl. Budszus, Jens et al., Orientierungshilfe Cloud Computing, Kapitel 3 - Datenschutzrechtliche Aspekte, Version 2.0/ 09.10.2014, S. 9.

[23] Vgl. Borges, Georg et al., Leitfaden – Datenschutz und Cloud Computing Nr.11, Kapitel 3.4.2 - Zehn Mindestinhalte der Vereinbarung über die Auftragsdatenverarbeitung, Kompetenzzentrum Trusted Cloud Arbeitsgruppe; April 2015, S. 22-25.

[24] Vgl. Borges, Georg et al., (FN 23), Kapitel 2.4.2.1 - Beauftragung im Wege der Auftragsdatenverarbeitung, S. 12-13.

[25] Vgl. Borges, Georg et al., (FN 23), Kapitel 4.2.1 - Datenübermittlung an Stellen mit EU- oder EWR-Sitz , S.27.

eine gesetzliche Zulässigkeitsregelung Anwendung finden, bei der sich an den Vorgaben des AVD angelehnt wird. Denn grundsätzlich muss eine Rechtsgrundlage zur Datenübermittlung hergestellt werden.[26]

Für die Datenübermittlung in die USA, welche nicht zu dem Kreis von sicheren Drittländern gehören, gibt es hierfür das spezielle Abkommen mit Namen „Privacy Shield, welches amtliche mit "der EU-US-Datenschutzschild" übersetzt wird. Dies ist ein neu beschlossener Vertrag, der den Rechtsrahmen des Datentransfers zwischen USA und Europa beschreibt. Der im Juli 2016 durch die Europäische Kommission beschlossene Vertrag, soll die Nachfolge der Safe-Harbor Regelung sein, die nach dem Urteil des EuGH am 06.10.2015 für ungültig erklärt wurde.[27]

Zahlreiche Industrieverbände befürworten diese neue Regelung, denn durch sie soll der transatlantische Datenschutz nachhaltig verbessert werden und ein Schutzniveau ähnlich wie in der EU sichergestellt werden.[28]

Laut EU haben sich inzwischen 2400 Firmen für den neuen Schutzschirm zertifiziert, um sich beim internationalen Datenfluss auf eine rechtliche Regelung zu berufen. Auch große Firmen wie Amazon, Google oder Facebook haben sich dem transatlantischen Datenpakt angeschlossen, was für die Europäische Kommission als Erfolg angesehen wird. Doch nach einigen Meinungen von Kritikern ist auch dieser aktuelle Beschluss wiederum lückenhaft, was vermutlich auch in der Zukunft noch eine harte Bewährungsprobe für den Schutzschirm mit sich bringt.[29]

4. Nutzen und Chancen von Cloud Computing

Cloud Lösungen bringen zahlreiche Vorteile und Nutzen mit sich. Vor allem bei Unternehmen die aufgrund Ihrer Größe keine ausreichenden Kapazitäten für das Betreiben und Absichern der eigenen Server haben, kann die Nutzung eines Cloud-Systems von großer Wichtigkeit sein.

---

[26] Vgl. Dr. Datenschutz, Datenschutz und Datensicherheit beim Cloud Computing, Hrsg. intersoft consulting services AG, Artikel vom 04.01.2017, unter: https://www.datenschutzbeauftragter-info.de/datenschutz-und-datensicherheit-beim-cloud-computing/

[27] Vgl. Der Bayerische Landesbeauftragte für den Datenschutz (BayLfD), EU-US Privacy Shield/ Safe Harbor, Stand 03.07.2017, unter: https://www.datenschutz-bayern.de/faq/FAQ-SafeHarbor.html

[28] Vgl. Das neue Datenabkommen in den USA steht, Hrsg. Spiegel Online, Artikel vom 12.07.2016, unter http://www.spiegel.de/netzwelt/netzpolitik/privacy-shield-das-neue-datenabkommen-mit-den-usa-steht-a-1102659.html

[29] Vgl. Gruber, Angela, Unser europäischer Daten-Schutzschild hat Löcher, Hrsg. Spiegel, vom 30.10.2017, unter: http://www.spiegel.de/netzwelt/netzpolitik/privacy-shield-der-eu-in-der-kritik-unser-daten-schutzschild-hat-viele-loecher-a-1175049.html

Im Bereich der Privatanwendung wird der Dienst bereits sehr intensiv genutzt, doch auch in Unternehmen nimmt er immer mehr an Bedeutung zu und wird laut Statistik von mittlerweile bis zu 65% aller Firmen genutzt (vgl. Abb. 3), wobei die Tendenz weiterhin ansteigend ist. Denn besonders in Betrieben in denen viele Mitarbeiter einen

Abb. 3: Nutzung von Cloud Computing in Unternehmen

Heimarbeitsplatz besitzen, kann dadurch sehr flexibel agiert werden. Somit können wichtige Daten aus dem Unternehmen über die Cloud abgerufen und bearbeitet werden. In Bereichen wie Projektmanagement ist dies ebenfalls von großem Vorteil, denn so ist mit einer zentralen Cloud, in der jeder Zugriff auf die notwendigen Daten besitzt, das Hindernis des Datenaustauschs und der Aktualisierung beseitigt. Weiterhin genügen für die Nutzung dieses äußerst flexiblen Systems ein Internetanschluss und ein Endgerät mit den jeweiligen Zugangsrechten. Egal ob Smartphone, Notebook oder Desktop-PC der Zugriff auf die Cloud funktioniert dabei von überall, wodurch wiederum Kosten für die Bereitstellung der Hardware und Software eingespart werden können.

Nachdem heutzutage in jedem Unternehmen eine funktionierende IT unerlässlich ist, steht ebenso das Thema „Backup" im Vordergrund. Wichtige Daten müssen dabei immer zuverlässig und schnell zur Verfügung stehen, auch nach einem Stromausfall, System-Crash oder anderen Katastrophenfall. Hier kann die Aufgabe der Sicherung sehr einfach an den Cloud-Anbieter übergeben werden, womit auf teure Hardware und die Ausbildung von Administratoren größtenteils verzichtet werden kann.[30]

Ein ebenfalls wichtiger Baustein ist Cloud Computing bei einem zentralen Thema wie der Industrie 4.0. Den Betreibern von Maschinenparks bietet sich dadurch die Chance, ihre Anlagen auf einfachste Art und Weise miteinander zu vernetzen. Somit können aus den ermittelten Daten nicht nur Erkenntnisse zur Effizienzsteigerung gewonnen werden, sondern besitzen zum Teil auch das Potential, neue Geschäftsmodelle zu generieren.[31]

---

[30] Vgl. Joss Thomas, Cloud Backup für Unternehmen, Hrsg. CloudComputing Insider, Absatz: Zusammenfassung, Artikel vom 23.07.2015, unter: https://www.cloudcomputing-insider.de/cloud-backup-fuer-unternehmen-a-498566/
[31] Vgl. Horn, Robert, Digitaler Baustein für das Internet der Dinge, Hrsg. Vogel Bussiness Media, Artikel vom 06.10.2017, S.2, unter: https://www.maschinenmarkt.vogel.de/digitaler-baustein-fuer-das-internet-der-dinge-a-650720/

5. Probleme und Nachteile von Cloud Computing

Wesentliche Probleme des Systems tauchen besonders in Bezug auf die Sicherheit auf. Denn durch immer häufigere Hacker-Angriffe auf die Cloud-Server, müssen die Rechner-Anlagen mit großem technischen und finanziellen Aufwand gewartet und immer besser abgesichert werden. Ziel und Hintergrund der Angriffe ist meist das Abfangen von personenbezogenen Nutzerdaten. Problematisch ist zudem auch das Ablegen der Daten, die nicht nur wie angenommen gespeichert, sondern mitunter auch kopiert, ausgewertet, geloggt oder anderweitig genutzt werden. In Bezug auf die Nutzungsbedingungen der meisten Cloud-Anbieter ist dies auch nach den aktuell geltenden Datenschutzrichtlinien erlaubt. Doch die Tatsache relativiert sich besonders dann, wenn sich die Server des Dienstleisters im nicht-europäischen Ausland befinden. Denn hierbei unterliegt die Speicherung nicht den deutschen oder europäischen Richtlinien, sondern ist datenschutzrechtlich eher kritisch zu betrachten, was bereits im Kapitel 3 dieser Arbeit detailliert dargestellt wurde.[32]

Ein weiterer verheerender Nachteil ist die Abhängigkeit des Nutzers gegenüber dem Cloud-Dienstleister. Denn bei der Vorstellung einer unzureichenden Betreuung oder gar Insolvenz des Anbieters, hätte dies äußerst negative Auswirkungen auf alle gebuchte Dienstleistungen des Unternehmens, die unter Umständen sogar schon bezahlt wurden.[33]

Auch der Administrationsaufwand sinkt wenn eine Cloud benutzt wird, was jedoch nur im ersten Blick Vorteile aufweist. Die Installation auf den eigenen Computer entfällt und auch Updates werden terminiert von dem Cloud-Anbieter ausgeführt. Durch diese permanente Abnahme der Leistungen, werden in den Unternehmen nur noch wenige oder in nicht seltenen Fällen auch keine IT-Kompetenzen benötigt. Dieser Gesichtspunkt hat jedoch zur Folge, dass bei einem gravierenden IT-Problem ebenfalls keine eigenen Fachleute mehr zur Verfügung stehen. Besonders die notwendige Internetverbindung ist an dieser Stelle noch zu erwähnen, denn für den reibungslosen Zugriff auf die Daten über eine Cloud, muss die Verbindung immer stabil und schnell sein.[34]

---

[32] Vgl. Minnich, Sebastian, Die Vorteile und Nachteile des Cloud-Computing, Absatz: Nachteile, Hrsg. Heise Medien GmbH, Artikel vom 11.05.2017, unter: https://www.heise.de/download/blog/Die-Vorteile-und-Nachteile-des-Cloud-Computing-3713041
[33] Vgl. Minnich, Sebastian, (FN32).
[34] Vgl. Dummer, Niklas, Alles, was Sie jetzt über die Daten-Wolke wissen müssen, Hrsg. WirtschaftsWoche Online, Artikel vom 30.06.2015, S. 3, unter: http://www.wiwo.de/unternehmen/it/cloud-was-sind-die-nachteile-von-cloud-diensten/11975400-3.html

6. Zusammenfassung und Ausblick

Zusammenfassend kann man sagen, dass die Nutzung eines Cloud-Service schon seine Vorzüge hat, denn gerade im Zeitalter von wechselnder Wirtschaftslage, ist eine flexible Bereitstellung von Kapazitäten und Ressourcen im IT-Bereich sehr wichtig. Auch die verstärkte Ausweitung von Home-Office Arbeitsplätzen, sprechen für dieses System. Somit sind „Bereiche wie CRM, CMS, Projektmanagement, Sicherheit oder Datenspeicherung",[35] die über Cloud-Lösungen abgedeckt werden, schon heute von vielen Unternehmen sehr beliebt. Auch im privaten Bereich nutzen derzeit viele Menschen die Cloud-Angebote von Amazon, Google, Apple oder Microsoft. Dennoch ist die Auslagerung von IT-Ressourcen in Deutschland, im Vergleich zur USA oder China noch wenig ausgeweitet. Gründe hierfür sind wahrscheinlich das mangelnde Vertrauen in die Anbieter.[36]

Auch wenn viele Sachen für dieses System sprechen, darf man die weltweiten Negativnachrichten über Datenverlust, Datenmanipulation oder den Zugriff auf Daten durch Dritte, nicht außer Acht lassen. Ich denke in Zukunft wird die Thematik zum Datenschutz eine entscheidende Rolle für dieses System spielen. Mit Hilfe der neuen Regelung „Privacy Shield" die seit einem Jahr zum Datenaustausch zwischen EU und USA beschlossen wurde, ist meines Erachtens trotz einiger Kritik, ein relativ guter Grundstein für den sicheren Betrieb der Dienstleistung gelegt worden.

Schlussendlich überwiegen für mich die Vorteile des Systems und deshalb bin ich auch der Meinung, dass Cloud Computing viel Potenzial besitzt und sich in den nächsten Jahren weiter durchsetzen wird. Das Wichtigste vor jeder Umstellung ist es, den ausgewählten Anbieter, dessen Firmensitz, sowie dessen Serverstandort genau zu ermitteln, um dann einen sicheren Vertrag mit dem Anbieter eingehen zu können. Wenn dann alle Unsicherheiten geklärt sind, dürfte sich diese Dienstleistung in jeden Fall als Wertschöpfung und Nutzen für zahlreiche Unternehmen darstellen.

---

[35] Minnich, Sebastian, Die Vorteile und Nachteile des Cloud-Computing, Absatz: Fazit, Hrsg. Heise, Artikel vom 11.05.2017, https://www.heise.de/download/blog/Die-Vorteile-und-Nachteile-des-Cloud-Computing-3713041
[36] Vgl. Büst, Rene, Server und Storage aus der Cloud, Hrsg. IDG Business Media GmbH München, Artikel vom 21.01.2012, unter: https://www.computerwoche.de/a/server-und-storage-aus-der-cloud,2369339,20

7. Literaturverzeichnis

Barton, Thomas, E-Business mit Cloud Computing, IT-Professional, Springer Fachmedien Wiesbaden 2014.

Borges, Georg et al., Leitfaden – Datenschutz und Cloud Computing Nr.11, Kompetenzzentrum Trusted Cloud Arbeitsgruppe, April 2015, S. 12-13, S. 22-27.

Braun, Christian et al., Cloud Computing, Informatik im Fokus, 2. Aufl., Springer-Verlag Berlin Heidelberg 2011.

Budszus, Jens et al., Orientierungshilfe Cloud Computing, Kapitel 3 - Datenschutzrechtliche Aspekte, Version 2.0/09.10.2014.

Büst, Rene, Server und Storage aus der Cloud, Hrsg. IDG Business Media GmbH München, Artikel vom 21.01.2012, aufgerufen am 01.11.2017, unter: https://www.computerwoche.de/a/server-und-storage-aus-der-cloud,2369339,20

Das neue Datenabkommen in den USA steht, Hrsg. Spiegel Online, Artikel vom 12.07.2016, aufgerufen am 05.11.2017, unter http://www.spiegel.de/netzwelt/netzpolitik/privacy-shield-das-neue-datenabkommen-mit-den-usa-steht-a-1102659.html

Der Bayerische Landesbeauftragte für den Datenschutz (BayLfD), EU-US Privacy Shield/ Safe Harbor, Stand 03.07.2017, aufgerufen am 31.10.2017, unter: https://www.datenschutz-bayern.de/faq/FAQ-SafeHarbor.html

Dummer, Niklas, Alles, was Sie jetzt über die Daten-Wolke wissen müssen, Hrsg. WirtschaftsWoche Online, Artikel vom 30.06.2015, Seite 3, aufgerufen am 01.11.2017, unter: http://www.wiwo.de/unternehmen/it/cloud-was-sind-die-nachteile-von-cloud-diensten/11975400-3.html

Dr. Datenschutz, Datenschutz und Datensicherheit beim Cloud Computing, Hrsg. intersoft consulting services AG, Artikel vom 04.01.2017, aufgerufen am 31.10.2017, unter: https://www.datenschutzbeauftragter-info.de/datenschutz-und-datensicherheit-beim-cloud-computing/

Freytag, Carl, 50 Schlüsselideen- Digitale Kultur, Übersetzung der engl. Ausgabe: 50 Digital Ideas You Really Need to Know von Tom Chatfield, hrsg. v. Quercus Editions Ltd (UK) 2011, Seite 164-167.

Gruber, Angela, Unser europäischer Daten-Schutzschild hat Löcher, Hrsg. Spiegel Online, Artikel vom 30.10.2017, aufgerufen am 30.10.2017, unter: http://www.spiegel.de/netzwelt/netzpolitik/privacy-shield-der-eu-in-der-kritik-unser-daten-schutzschild-hat-viele-loecher-a-1175049.html

Horn, Robert, Digitaler Baustein für das Internet der Dinge, Hrsg. Vogel Business Media, Artikel vom 06.10.2017, aufgerufen am 01.11.2017, unter: https://www.maschinenmarkt.vogel.de/digitaler-baustein-fuer-das-internet-der-dinge-a-650720/

Joss Thomas, Cloud Backup für Unternehmen, Hrsg. CloudComputing Insider, Absatz: Zusammenfassung, Artikel vom 23.07.2015, aufgerufen am 01.11.2017, unter: https://www.cloudcomputing-insider.de/cloud-backup-fuer-unternehmen-a-498566/

Manhart, Klaus, Organisationsformen von Clouds, Private, Public und Hybride Clouds, Hrsg. IDG Business Media GmbH München, Artikel vom 29.09.2009, aufgerufen am 30.10.2017, unter: https://www.computerwoche.de/a/organisationsformen-von-clouds,1906429

Masiero, Manuel, Cloud Computing im Überblick, Drei Ebenen von „as a Service", Hrsg. Tom's Hardware Guide, Artikel vom 21.02.2011, aufgerufen am 30.10.2017, Seite 3, unter: http://www.tomshardware.de/cloud-saas-iaas-paas,testberichte-240731-3.html

Minnich, Sebastian, Die Vorteile und Nachteile des Cloud-Computing, Absatz: Nachteile, Hrsg. Heise Medien GmbH, Artikel vom 11.05.2017, aufgerufen am 01.11.2017, unter: https://www.heise.de/download/blog/Die-Vorteile-und-Nachteile-des-Cloud-Computing-3713041

Schirrmacher, Dennis, 68 Millionen verschlüsselte Passwörter aus Dropbox-Hack veröffentlicht, Hrsg. Heise Medien GmbH, Artikel vom 05.10.2016, aufgerufen am 10.11.2017, unter: https://www.heise.de/security/meldung/68-Millionen-verschluesselte-Passwoerter-aus-Dropbox-Hack-veroeffentlicht-3340846.html

Tezel, Tino, Cloud Computing: SaaS, PaaS & Iaas einfach erklärt, Hrsg. intersoft consulting services AG, Artikel vom 08.01.2016, aufgerufen am 30.10.2017 unter: https://www.datenschutzbeauftragter-info.de/die-cloud-saas-paas-und-iaas-einfach-erklaert/

Websecuritas, Was ist VPN?, unter: https://www.websecuritas.com/was-ist-vpn/

Weichert, Thilo, Cloud Computing und Datenschutz, Kapitel 3 - Anwendbarkeit des Datenschutzes generell, Hrsg. Unabhängiges Landeszentrum für Datenschutz Schleswig-Holstein, Artikel vom 17.06.2010, aufgerufen am 31.10.2017, unter: https://www.datenschutzzentrum.de/cloud-computing/20100617-cloud-computing-und-datenschutz.html

8. Abbildungsverzeichnis

Abbildung 1: *Darstellung der verschiedenen Cloud Formen*, Seite 5, Hrsg. Teknology Solutions, unter: http://www.tek-nologysolutions.co.uk/ (aufgerufen am 13.11.2017).

Abbildung 2: *Servicemodelle des Cloud Computing*, Seite 6, eigene Darstellung in Anlehnung an: https://starthq.com/blog/saas-101-iaas-paas-saas-and-cloud-computing (aufgerufen am 05.11.2017)

Abbildung 3: *Nutzung von Cloud Computing in Unternehmen*, Seite 11, Horn, Robert, Digitaler Baustein für das Internet der Dinge, Hrsg. Vogel Business Media, Artikel vom 06.10.2017, Seite 1, unter: https://www.maschinenmarkt.vogel.de/digitaler-baustein-fuer-das-internet-der-dinge-a-650720/ (aufgerufen am 01.11.2017)